Dirección editorial M.ª Jesús Díaz

Texto Mariano González y Roberto Blanco
Revisión Isabel López
Cartografía Francisco M. Queipo
Tratamiento de imágenes Boca Multimedia
Diseño y maquetación Boca Multimedia
Diseño de colección José Delicado

© SUSAETA EDICIONES S.A.
C/ Campezo, 13 - 28022 Madrid
Tel.: 91 3009100
www.susaeta.com

D.L.: M-25167-2024

el placer de **LEER** CON **SUSAETA**

Los Tercios

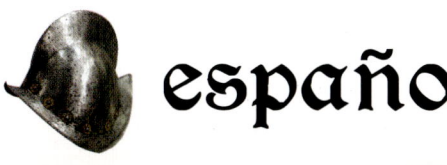

españoles

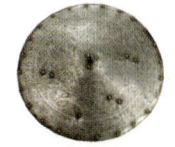

Texto de Mariano González
y Roberto Blanco

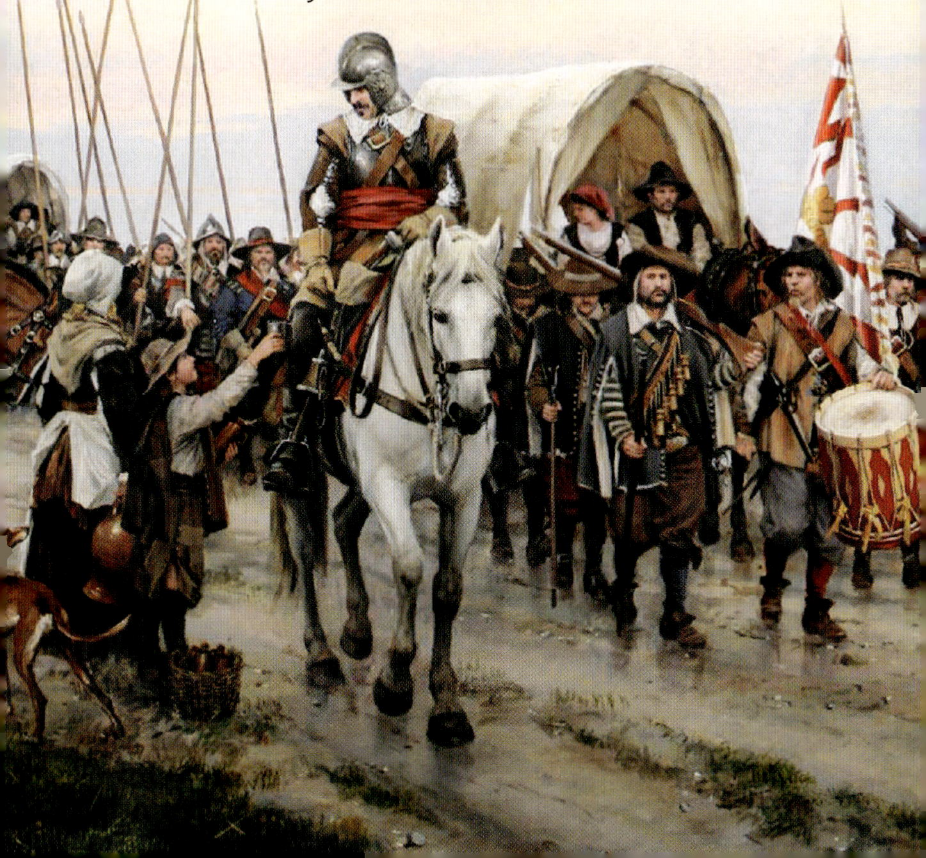

PROTAGONISTAS

El Gran Capitán (1453-1515)

Brillante líder militar. Se considera que la organización de sus ejércitos en las guerras de Italia fue la precursora de los Tercios.

Gran duque de Alba (1507-1582)

Noble y militar español que logró relevantes victorias frente a otomanos, franceses y protestantes.

Juan de Austria (1547-1578)

Hijo del emperador Carlos V, lideró la victoria de Lepanto frente a los otomanos, aunque no pudo acabar con la rebelión de Flandes.

Alejandro Farnesio (1545-1592)

Reconocido militar y diplomático, tuvo una destacada actuación en Flandes gracias a sus victorias sobre los holandeses.

Ambrosio de Spínola (1569-1630)

Noble genovés que obtuvo importantes victorias en Flandes y Alemania al servicio de los Austrias españoles.

Cardenal-infante (1609-1641)

Don Fernando de Austria, hermano del rey Felipe IV. Dirigió el ejército español en diferentes batallas de la guerra de los Treinta Años.

Octavio Piccolomini (1599-1656)

Noble y militar italiano que colaboró muy activamente al servicio de la Monarquía Hispánica y el Sacro Imperio.

Juan José de Austria (1629-1679)

Hijo de Felipe IV, este militar recuperó Cataluña para la monarquía, pero fue derrotado en la guerra contra Francia.

Índice

CURIOSIDADES

Introducción

Los Tercios fueron la unidad militar básica del Imperio español durante los siglos XVI y XVII. Como las antiguas falanges griegas o las legiones romanas, la infantería de los Tercios españoles dominó los campos de batalla frente a los múltiples enemigos del imperio: franceses, protestantes alemanes, rebeldes holandeses, etc. Su disciplina y su valor merecieron la admiración de aliados y enemigos; sin embargo, también protagonizaron saqueos y motines cuando no recibían el pago por sus servicios.

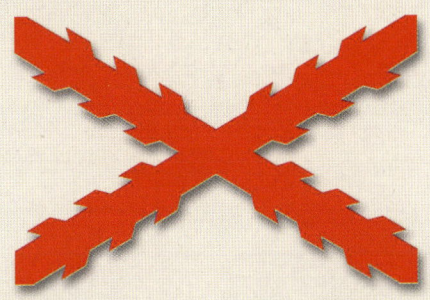

Rocroi. *Óleo de Ferrer-Dalmau.*

Cronología

Los Tercios españoles
Momentos históricos

1482-1492

GUERRA DE GRANADA. Los Reyes Católicos crean un ejército moderno que logra la conquista del último bastión musulmán.

1494-1512

GUERRAS DE ITALIA. Gracias al Gran Capitán y su nueva organización de los ejércitos hispanos, se logra la victoria sobre Francia.

1525

La pugna entre el emperador Carlos V y el rey francés Francisco I se salda con la victoria imperial en batallas como la de Pavía.

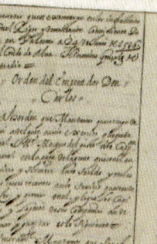

1547

El emperador Carlos V logra una aplastante victoria sobre los protestantes en la batalla de Mühlberg.

1557

El triunfo de los Tercios españoles sobre los ejércitos franceses en la batalla de San Quintín asegura la hegemonía de Felipe II en Europa.

1536

La Ordenanza de Génova se considera el acta de creación de los Tercios.

1568

Se inicia la rebelión de Flandes, donde los Tercios alcanzarán notables victorias, aunque esto también consumirá los recursos económicos de la monarquía.

1571

Juan de Austria derrota a los turcos en la gran batalla naval de Lepanto.

13

1609

Se firma la Tregua de los Doce Años entre España y las Provincias Unidas de los Países Bajos. Durará hasta 1621.

1625

Los Tercios de Ambrosio de Spínola obtienen una victoria muy importante con la toma de Breda, que, después de un asedio, es entregada por el holandés Justino de Nassau.

1632

Muerte del monarca protestante Gustavo Adolfo de Suecia en la batalla de Lützen, durante la Guerra de los Treinta Años.

1634

El cardenal-infante don Fernando, hermano del rey Felipe IV, obtiene una destacada victoria en la batalla de Nördlingen contra los suecos.

1635

Octavio Piccolomini, prestigioso general al servicio de la Monarquía Hispánica, consigue levantar el sitio de Lovaina con tropas españolas.

1643

Los franceses del duque de Enghien derrotan a los Tercios de Francisco de Melo, capitán general del ejército de Flandes, en la batalla de Rocroi.

1656

Éxito de los Tercios frente a los franceses en la batalla de Valenciennes. Fue una de las últimas grandes victorias españolas de ese siglo.

1704

Desaparición de los Tercios durante el reinado de Felipe V.

El origen de los Tercios

Los Reyes Católicos accedieron al poder en el último tercio del siglo XV después de someter a buena parte de la nobleza de sus reinos. Fue el fin de la Edad Media en España y, con ella, de la forma medieval de

guerrear, en la que la caballería de la nobleza y sus huestes auxiliares formaban la élite de los ejércitos.

Los Reyes Católicos llevaron a cabo una serie de reformas para concentrar el poder en sus

Caballero armado.
La caballería pesada estaba formada por la nobleza.

manos y para ello crearon un ejército
profesional que dependía de los reyes y
no de los nobles, como había sucedido
en el medievo.

Armas de fuego.
*Supusieron una
revolución en el campo
de batalla.*

La lucha contra el poder musulmán

La primera gran prueba para el nuevo ejército de los Reyes Católicos fue la guerra de Granada contra el último bastión musulmán en España después de siete siglos de presencia. A lo largo de diez años, hasta la toma de Granada en 1492, las tropas de los

La rendición de Granada en 1492.
El moderno ejército de los Reyes Católicos acabó con el último baluarte musulmán.

Reyes Católicos fueron conquistando los territorios musulmanes, con ayuda de un empleo creciente de las armas de fuego y los cañones. En este conflicto se probaron nuevas estrategias bélicas, pero sobre todo sirvió para forjar grandes militares, como Gonzalo Fernández de Córdoba, el Gran Capitán, y veteranos que pronto participarían en las guerras de Italia o en la conquista de América.

El Gran Capitán a caballo.
Óleo de Ferrer-Dalmau.

Las guerras de Italia

Batalla de Pavía.
Óleo de Ferrer-Dalmau.

Tras la victoriosa campaña de
Granada, los ejércitos hispanos tuvieron
que hacer frente a un reto aún mayor:
luchar por la hegemonía en Italia frente
al poderoso ejército francés. Entre finales
del siglo XV y principios del siglo XVI,
España y Francia se disputaron la

supremacía sobre la península italiana, dividida en numerosos Estados, y los ejércitos de ambos países chocaron en numerosas ocasiones, primero en el sur, en Nápoles, y más tarde en el norte. En estas luchas el genio militar del Gran Capitán inclinó la balanza del lado español. Su triunfo más espectacular fue la batalla de Ceriñola (1503), en la que

El Gran Capitán ante el cadáver del duque de Nemours. *Óleo de Federico Madrazo.*

los arcabuceros y piqueros españoles diezmaron la caballería pesada francesa. La combinación de los fusiles de los arcabuceros y las largas lanzas de los piqueros resultó letal para la caballería nobiliaria francesa.

Las tropas cada vez más veteranas y profesionales de los futuros Tercios dieron muestra de su valía en multitud de batallas, derrotando una y otra vez a los franceses.

Ya en tiempos del emperador Carlos V, los éxitos sobre los franceses se repitieron en batallas como Bicoca (1522) y, sobre todo, Pavía (1525), donde fue capturado el propio rey francés, Francisco I.

La otra cara de la moneda era que estas tropas profesionales requerían de pagas muy altas y las arcas del emperador a veces no llegaban para pagar a los soldados; en esos casos, estos se amotinaban y protagonizaban revueltas y saqueos, como el denominado «saco de Roma» de 1527.

Pita da Veiga en Pavía. Este militar de origen gallego capturó al propio rey francés Francisco I. *Óleo de Ferrer-Dalmau.*

El siglo XVI: auge y gloria de los Tercios

Tras las rotundas victorias sobre Francia, el emperador Carlos V se hizo con el control de la península italiana. Fue en ese momento cuando, por una Orden de 1536, quedaron constituidos de forma oficial los Tercios,

Los dominios europeos de Carlos V

- Herencia castellana
- Herencia aragonesa
- Herencia borgoñona
- Herencia austriaca
- Anexión
- Límites del Imperio Romano Germánico

Inglaterra

Países Bajos

Imperio alemán

Luxemburgo

Franco Condado

Austria

Tirol

Francia

Milán

Océano Atlántico

Navarra

Portugal

Castilla

Aragón

Nápoles

Cerdeña

Islas Baleares

Sicilia

Estados berberiscos

Mar Mediterráneo

Islas Canarias

concretamente los de Nápoles, Sicilia y Lombardía, los denominados «Tercios viejos», que se convertirían en la élite de los ejércitos imperiales.

Los Tercios contra los enemigos del imperio

El emperador Carlos V había conseguido ser soberano de una fabulosa cantidad de territorios gracias a que en su persona convergieron

Armadura de los Tercios.

las herencias de sus abuelos paternos y maternos, pero también por ello heredó poderosos enemigos. Francisco I, rey de Francia, no dejó de aprovechar cualquier oportunidad para acosar al Imperio español,

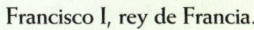

Francisco I, rey de Francia.

incluso aliándose con
el Imperio otomano.
Este imperio
turco-musulmán
había conseguido
expandirse por
Asia, África
y Europa, e
incluso llegó
a amenazar
la propia
Viena en 1529, que

El emperador Carlos V
en la batalla de Mühlberg.

fue defendida, entre otras
tropas, por arcabuceros españoles. Sin
embargo, fue en el Mediterráneo donde
los otomanos y sus aliados, los piratas
berberiscos, causaron mayores estragos
al Imperio español. Durante décadas se
sucedieron las batallas, y la victoria de las
tropas imperiales en Túnez en 1535 tuvo
como reverso la derrota en Argel de 1541.

Pese a todo, el mayor peligro que
afrontaron Carlos V y sus ejércitos

vino del interior, cuando dentro del Sacro Imperio Germánico se extendió el protestantismo, una escisión del cristianismo liderada por Lutero que fue apoyada por los gobernantes de muchos territorios alemanes. El conflicto religioso derivó en un enfrentamiento político y los protestantes se unieron en una coalición: la Liga de Esmalcalda. La reacción del emperador fue reunir su ejército, con los Tercios

Martín Lutero, impulsor de la Reforma protestante.

como núcleo, obteniendo la gran victoria de Mühlberg. No obstante, la llama del protestantismo ya había prendido y Carlos V no pudo evitar su consolidación en parte de los territorios imperiales.

San Quintín: la gran victoria sobre Francia

El inicio del reinado de Felipe II coincidió con un nuevo conflicto con Francia. El rey ordenó a los Tercios invadir el territorio francés. Al mando de un ejército multinacional (españoles, flamencos, alemanes…) cuyo núcleo central eran los Tercios viejos, el duque de Saboya aplastó a las tropas francesas en San Quintín (1557). Felipe II ordenó la construcción del monasterio de San Lorenzo de El Escorial para conmemorar la victoria. La Paz de Cateau-Cambrésis, firmada en 1559, confirmó la hegemonía española en Europa.

Batalla de San Quintín, rendición de los franceses. *Óleo de Ferrer-Dalmau.*

Los Tercios: el martillo de Felipe II

En 1556 el rey Felipe II sucedió a su padre, Carlos V, al frente del Imperio hispánico y muy pronto tuvo que utilizar los Tercios para hacer frente, una vez más, a los franceses, a los que vencieron en San Quintín y Gravelinas.

Escudo real de Felipe II.

Los dominios europeos de Felipe II

Inglaterra

Países Bajos

Imperio alemán

Luxemburgo

Franco Condado

Austria

Francia

Milán

Posesiones de Felipe II y Felipe III

Límites del Imperio Romano Germánico

Océano Atlántico

Navarra

Portugal

Castilla

Aragón

Cerdeña

Nápoles

Sicilia

Ceuta

Melilla

Orán

Estados berberiscos

Mar Mediterráneo

las Canarias

La paz con Francia no significó una tregua para los Tercios, que tuvieron que intervenir frente al Imperio otomano. Este conflicto contra los turcos tuvo en el mar Mediterráneo su principal escenario. Fue allí donde la infantería de marina española, creada en 1537, con unidades como el Tercio de la Armada del Mar Océano, logró la gran victoria de Lepanto (1571) sobre los otomanos.

En Flandes la rebelión llegó a tal magnitud que Felipe II ordenó el envío

Saqueo de Amberes (1576). *Un motín precedió a la «furia» española sobre la ciudad flamenca.*

de los Tercios viejos a ese territorio.
Pese a que muy pronto demostraron
su invencibilidad en campo
abierto, capitaneados por
líderes tan prestigiosos como
el gran duque de Alba,
don Juan de Austria o
Alejandro Farnesio, los
esfuerzos de los Tercios
no fueron suficientes
para sofocar la
revuelta. Además, los
holandeses contaron con
el apoyo inglés. En 1588 la
Gran Armada o «Armada
Invencible» intentó
desembarcar a los Tercios en
Inglaterra, pero fracasó.

Felipe II con su cetro imperial.

El reverso de esta
operación fue la brillante
ocupación de Portugal, ocho años antes,
en una campaña relámpago por la que pasó
a formar parte de los dominios de Felipe II.

La guerra de Flandes

Los actuales Países Bajos y Bélgica formaban parte del patrimonio de Felipe II y en el siglo XVI eran un territorio muy próspero situado en el corazón de Europa. Sin embargo, en 1566 estallaron una serie de motines que degeneraron en una guerra que se prolongó durante ochenta años (1568-1648) y que terminó por ser un cáncer para la hegemonía del Imperio hispánico. Las causas estuvieron en el alejamiento del rey (Felipe II se instaló en España), la progresiva centralización del poder, que marginó a los nobles flamencos, así como el aumento de los impuestos. Aunque la causa principal fue la introducción del calvinismo en esos

Batalla de Empel. *Óleo de Ferrer-Dalmau.*

territorios, que Felipe II no estuvo dispuesto a tolerar. Ni la política represiva del duque de Alba, ni la conciliatoria de don Juan de Austria lograron detener la rebelión, que se

afianzó en los territorios más septentrionales de Flandes. Los holandeses, gracias a su dominio de los mares y protegidos por un territorio que hacía muy difíciles los ataques por tierra, consiguieron detener las sucesivas ofensivas de los Tercios españoles, en los que corrió el siguiente dicho: «España mi natura, Italia mi ventura, Flandes mi sepultura».

La organización de los Tercios

L a estructura original de los Tercios,
que fue variando con el tiempo, era de
10 capitanías o compañías (8 de piqueros
y 2 de arcabuceros), de 300 hombres
cada una, lo que hacía un total de
3000 hombres. Con la progresiva mejora
de las armas de fuego fueron aumentando

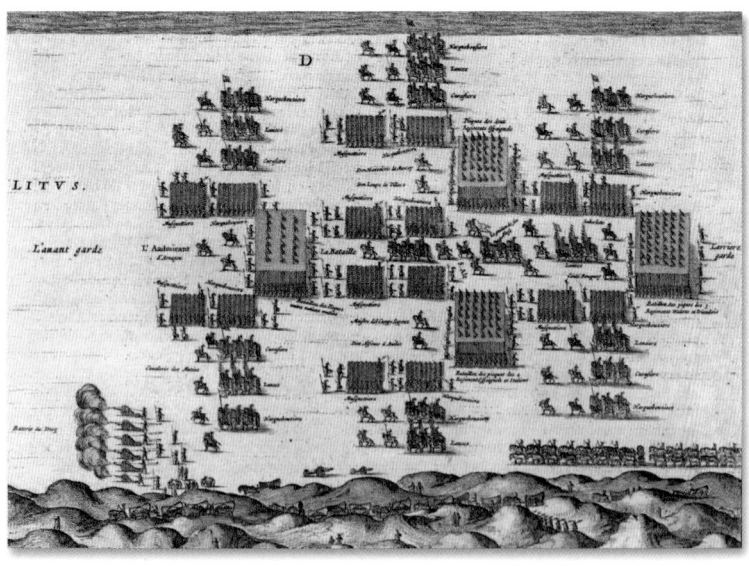

Tercio en orden de marcha.

las compañías de arcabuceros y disminuyendo las de piqueros. Las compañías españolas estaban también divididas en escuadras de unos 25 hombres al mando de un cabo. La última subdivisión de las compañías eran las llamadas «camaradas», formadas por entre 6 y 12 hombres; se trataba de un grupo de individuos que compartían no solo la lucha, sino también la comida, el alojamiento, el ocio, etc., lo que contribuía a forjar el famoso espíritu de combate de los Tercios españoles.

Armas de los Tercios.

Los mandos de los Tercios

Al frente de los Tercios estaban los maestres de campo, militares de larga carrera y reconocido prestigio; incluso algunos Tercios llevaron el nombre de sus maestres, como el Juan del Águila o el Sancho Dávila. Otra figura importante era el alférez mayor, que portaba la bandera del tercio. El maestre estaba auxiliado por ayudantes de campo, veteranos y expertos en diversas armas. El sargento mayor era el ayudante principal del maestre y su función era básica porque transmitía las órdenes de combate, como la formación de un cuadro; a su lado estaba el tambor mayor, que, mediante sus toques y los de sus auxiliares, ayudaba al tercio a formarse y combatir en el orden correcto. Otros puestos importantes eran el de furriel mayor, encargado de las provisiones y las pagas a los soldados, además de los servicios sanitarios, judiciales y el capellán mayor.

Abanderado de los Tercios. *Óleo de Ferrer-Dalmau.*

Piqueros en formación. *Veteranos al frente con media armadura y bisoños sin protecciones al fondo.*

Durante mucho tiempo el núcleo de los Tercios lo constituyeron los piqueros, quienes en formación de erizo, con sus largas lanzas de más de cinco metros, detenían las cargas de la caballería enemiga. Dentro de la formación estaban los arcabuceros, llamados así por el primitivo fusil de mecha que portaban, que un soldado experto podía tardar casi tres minutos en cargar. A estos se unieron los mosqueteros, con sus fusiles aún más pesados, que cada vez fueron más numerosos. Otros soldados de apoyo y choque eran los rodeleros, con sus escudos y espadas ligeras, así como los alabarderos, que utilizaban un arma a medio camino entre la lanza y el hacha.

Caballería y artillería

Aunque la infantería se convirtió en la reina de las batallas en los siglos XVI y XVII, los Tercios necesitaron el apoyo de las armas de la caballería y la artillería. En el primer caso, la caballería pesada perdió importancia, mientras que la famosa caballería ligera española, con apenas armadura, tomó protagonismo para labores de exploración y reconocimiento, además de dar golpes de mano al enemigo o acabar con él cuando se retiraba en desorden.

Artillería de los Tercios.
Óleo de Ferrer-Dalmau.

Caballería de los Tercios.
Óleo de Ferrer-Dalmau.

El cuerpo de artillería fue ganando importancia y se multiplicaron los tipos y calibres de los cañones, desde las pequeñas culebrinas que se utilizaban en las batallas campales hasta enormes morteros que servían para destruir las fortificaciones enemigas. En la guerra de Flandes la artillería de asedio fue fundamental para tomar las numerosas fortalezas que había en la zona.

Los Tercios en el imperio en el que no se ponía el sol

Acomienzos del siglo XVII los Tercios estaban diseminados a lo largo y ancho de un imperio de dimensiones mundiales: en Europa, África, América y Asia. Combatían activamente en diversos y alejados frentes. Desde los Países Bajos, donde Mauricio de Nassau, a pesar de su éxito inicial contra España en la batalla de las Dunas (julio de 1600),

Felipe III a caballo.

Batalla de las Dunas. *Primer gran combate ganado por los holandeses en campo abierto.*

no pudo hacerse con Ostende, hasta Kinsale (Irlanda), donde en 1601 dos Tercios participaron en una operación de desembarco, que fue repelida por los ingleses, para ayudar a los católicos de esa isla; pasando por Filipinas, donde los holandeses fracasaron en su intento de

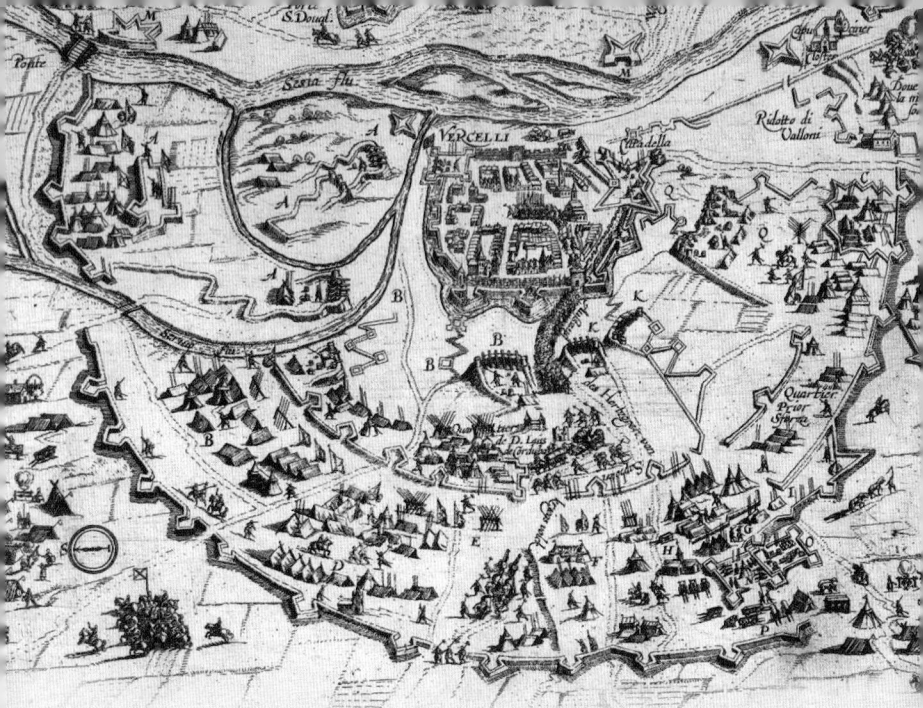

Toma de Vercelli. *Los Tercios españoles en Italia se hicieron con Vercelli (1617) tras un vigoroso asalto a la plaza defendida por los saboyanos.*

expulsar a los españoles del archipiélago, pero a cambio se hicieron con las Molucas.

La firma de la Tregua de los Doce Años (1609-1621) entre España y las Provincias Unidas de los Países Bajos permitió a Felipe III concentrar esfuerzos en el norte de África para frenar a los corsarios y el poderío turco (toma de La Mamora en 1614).

Asimismo, distintas compañías de Tercios españoles e italianos combatieron entre 1613 y 1617 en apoyo de Mantua ante el intento de Carlos Manuel de Saboya de controlar el ducado de Montferrato, en la guerra de sucesión de este territorio.

Carlos Manuel de Saboya.

El Camino español

El Camino español fue la ruta terrestre empleada por los soldados españoles para trasladar dinero y tropas a la guerra en los Países Bajos. Comenzó por la necesidad de buscar otro trayecto entre España y los Países Bajos que evitase los grandes peligros del desplazamiento por mar, tanto por las difíciles condiciones meteorológicas del canal de la Mancha como por la enemistad de Inglaterra y Francia. El viaje por tierra comunicaba Milán con Bruselas y transitaba por territorios de la monarquía española, de estados aliados del Sacro Imperio y de Francia. Estuvo operativo entre 1567, año en que fue utilizado por primera vez por el duque de Alba, y 1634, cuando el cardenal-infante don Fernando desplazó el ejército que triunfaría al año siguiente en la batalla de Nördlingen. Este camino requirió de una importante logística para avituallar a los soldados, familiares y acompañantes.

Existían unos comisarios que diligenciaban los víveres necesarios, tanto la cantidad como los precios, mediante negociaciones con los puntos habituales del trayecto (las denominadas «etapas militares»). Los alojamientos se negociaban con las poblaciones locales, a las que se entregaban unos vales para compensar los gastos que les acarreasen los soldados alojados. En ocasiones esta situación también conllevó protestas, porque la presencia de un ejército numeroso suponía un enorme empleo de recursos que podía dar lugar a desabastecimientos.

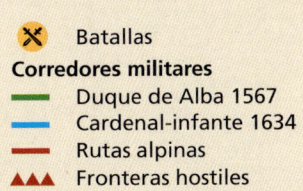

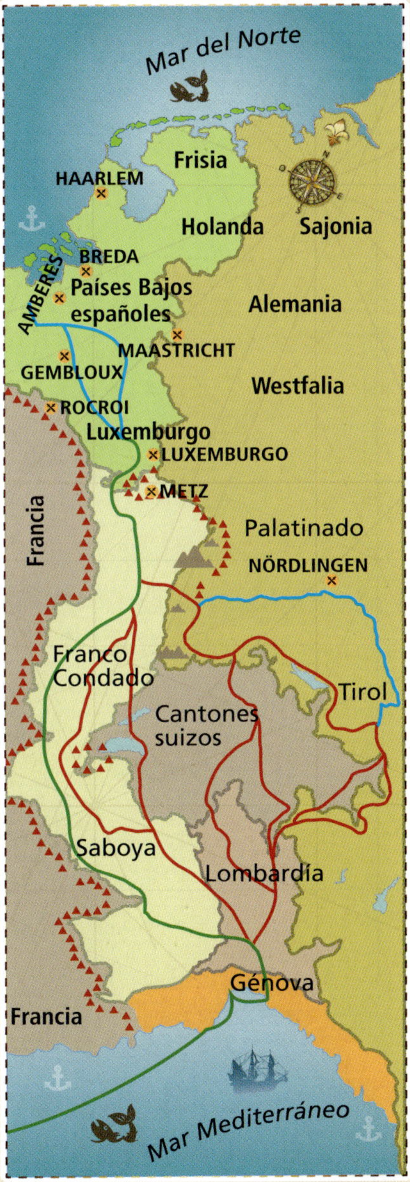

✕ Batallas

Corredores militares

━━ Duque de Alba 1567
━━ Cardenal-infante 1634
━━ Rutas alpinas
▲▲▲ Fronteras hostiles

Mar del Norte

Frisia
HAARLEM ✕
Holanda   Sajonia
BREDA ✕
AMBERES
Países Bajos
españoles   Alemania
MAASTRICHT
GEMBLOUX ✕
✕ ROCROI   Westfalia
Luxemburgo
✕ LUXEMBURGO
✕ METZ
Palatinado
NÖRDLINGEN ✕
Francia
Franco
Condado   Tirol
Cantones
suizos
Saboya
Lombardía
Génova
Francia
Mar Mediterráneo

Gloria y ocaso de los Tercios españoles

La Tregua de los Doce Años se rompió en 1621 y las hostilidades con las Provincias Unidas de los Países Bajos regresaron. El Imperio español y sus Tercios se vieron implicados en múltiples y continuados conflictos desde ese momento y hasta finales de ese siglo.

Ambrosio de Spínola. *Capitán general de Flandes durante la guerra de los Ochenta Años.*

Éxitos en la Guerra de los Treinta Años y en el conflicto con las Provincias Unidas

Soldados de una compañía holandesa.

En 1618 estalló la guerra de los Treinta Años. Comenzó con la rebelión de la nobleza bohemia contra la elección de Fernando II como emperador del Sacro Imperio Romano Germánico.

Fernando II. *Emperador del Sacro Imperio Romano Germánico.*

Defenestración de Praga. *Aristócratas bohemios arrojan por las ventanas del castillo de Hradcany (Praga) a tres representantes imperiales, desencadenando así la guerra de los Treinta Años.*

Lo que había empezado como una guerra de religión terminó derivando en un conflicto devastador, en el que participaron la mayor parte de las potencias europeas por la hegemonía del continente. El rey de España prestó apoyo a Fernando II enviando en 1620 un ejército comandado por Ambrosio de Spínola.

48

En 1621, finalizó la Tregua de los Doce Años y se reiniciaron las hostilidades con las Provincias Unidas con una serie de acciones favorables a la Monarquía Hispánica. En 1625, los Tercios de Ambrosio de Spínola, después de un largo asedio, consiguieron una importante victoria con la toma de Breda.

Breda. *Fue sitiada y finalmente conquistada por los ejércitos españoles. Óleo de Velázquez.*

Mientras tanto, fuera de Europa los holandeses fracasaban en sus ataques a ciertos enclaves americanos (recuperación de San Juan de Puerto Rico o de Bahía de Todos los Santos en el Brasil portugués) y asiáticos (Macao y Manila).

Recuperación de Puerto Rico en 1625 por Fadrique de Toledo.

Muerte de Gustavo Adolfo de Suecia en la batalla de Lützen.

La situación de España en la guerra de los Treinta años se complicó con la entrada en el conflicto de Dinamarca y Suecia en apoyo de los protestantes. El monarca sueco Gustavo Adolfo de Suecia cosechó importantes éxitos contra los católicos, hasta que en 1632 cayó en combate.

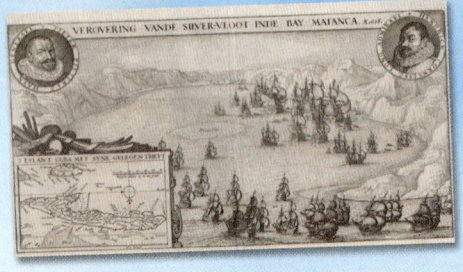

En 1628, una escuadra holandesa destruyó la flota de Indias en la bahía de Matanzas (Cuba), dificultando la recuperación de la maltrecha hacienda hispana.

En los Países Bajos, durante el periodo 1629-1633, los holandeses fueron recuperando terreno con la ocupación de plazas como Wesel o Maastricht.

A comienzos de 1630, los Tercios combatían para mantener abierto el Camino español.

En el año 1634 el cardenal-infante don Fernando alcanzó una importantísima

Cardenal-infante Fernando de Austria. *Hermano de Felipe IV, fue un hábil militar.*

victoria en la batalla de Nördlingen, en la que

Cardenal Richelieu.
Secretario de Estado francés.

derrotó a los suecos. Los Tercios españoles desempeñaron un papel fundamental en el combate.

El éxito de las armas españolas y la derrota sueca alarmaron a Francia, hasta tal punto que el cardenal Richelieu, valido del rey Luis XIII, involucró a su país en la guerra de los Treinta Años en el bando protestante, a pesar de ser católico.

La entrada de Francia en el conflicto dificultó la defensa de los territorios

Batalla de Nördlingen

Fue la victoria más importante del ejército español en la guerra de los Treinta Años. La batalla comenzó a finales de agosto de 1634 con el sitio de los ejércitos imperiales católicos del rey Fernando, hijo del emperador del Sacro Imperio, sobre la ciudad de Nördlingen (actualmente en Alemania), defendida por fuerzas protestantes suecas. Las tropas sitiadas recibieron refuerzos exteriores y lanzaron una ofensiva para levantar el asedio. Mientras tanto, a principios de septiembre llegó al teatro de operaciones un ejército español comandado por el cardenal-infante don Fernando, hermano de Felipe IV. En el enfrentamiento resultó determinante la encarnizada defensa que los Tercios realizaron en la colina de Allbuch, donde rechazaron todas las acometidas. El 6 de septiembre de 1634 Nördlingen capituló.

españoles en los Países Bajos y en otras zonas de Alemania e Italia, de modo que el Camino español quedó seriamente amenazado. Los Tercios tuvieron que intervenir en operaciones distantes y contra enemigos diferentes, pues los holandeses incrementaron sus acciones ofensivas. En 1635 Octavio Piccolomini, al mando de un cuerpo expedicionario español, alcanzó una gran victoria al levantar el sitio impuesto por fuerzas franco-holandesas a Lovaina.

Al año siguiente el cardenal-infante llegaba a invadir varias regiones del norte de Francia y amenazaba París.

Octavio Piccolomini.
Militar italiano al servicio de España y del imperio.

Declive y final

A finales de la década de 1630 los franceses y sus aliados italianos consiguieron cerrar el Camino español, impidiendo el paso de los Tercios, entre otras unidades. El suministro de tropas españolas también quedó interrumpido después de que, en 1639, las Provincias Unidas infligiesen una dura derrota a la armada del almirante Oquendo en la batalla naval de las Dunas, lo que significó el final de la hegemonía naval española.

Corpus de Sangre.
Rebelión abierta en Cataluña.

La guerra de los Treinta Años continuó complicándose cuando Francia llevó el teatro de operaciones a la frontera con España, en los Pirineos. Ciertos excesos cometidos por los soldados españoles alojados en Cataluña provocaron protestas y finalmente una rebelión abierta en Barcelona el día del Corpus, esto es, el 7 de junio de 1640, día en el que una muchedumbre de segadores se alzó en armas y asesinó al virrey Santa Coloma. Los insurrectos catalanes se

Rebelión portuguesa
e independencia.

pusieron bajo la autoridad del rey francés Luis XIII.

A ese conflicto se sumó ese mismo año la rebelión de Portugal, que justificaba su intento de secesión por su indefensión ante los ataques que sufrían sus enclaves de ultramar.

La crisis de 1640 amenazó seriamente a la monarquía. Además de las dos rebeliones citadas, el Estado hubo de encarar una profunda quiebra de la Hacienda por la enorme presión fiscal exigida para sostener las guerras exteriores. La crisis supuso la salida del

El conde-duque de Olivares a caballo.

gobierno del valido, o primer ministro, del rey Felipe IV, el conde-duque de Olivares.

Los problemas en la Península impidieron dedicar mayores recursos al desarrollo de la guerra de los Treinta Años, en la que los franceses tomaron la iniciativa. Lanzaron ofensivas sobre Lombardía y contaron con la ayuda de sus aliados italianos contra las posesiones españolas.

En 1643 las tropas españolas comandadas por el portugués Francisco de Melo, capitán general de los Tercios de Flandes, fueron vencidas por el ejército francés en Rocroi.

Batalla de Rocroi

La batalla de Rocroi comenzó cuando las tropas del gobernador de Flandes, Francisco de Melo, lanzaron una ofensiva sobre la ciudad francesa de Rocroi para aliviar la presión de los franceses en Cataluña. El ejército galo del duque de Enghien desbarató la defensa imperial, excepto a los Tercios españoles.

Tras una dura batalla, el 19 de mayo de 1643 estos no tuvieron más remedio que capitular. Se ha señalado que esta derrota marcó un punto de inflexión en el principio del fin de la hegemonía militar de España y también en el declive de los Tercios, si bien estos continuaron manteniendo cierta eficiencia.

Alférez de España.
Óleo de Ferrer-Dalmau.

60

En 1648 los países contendientes en la guerra de los Treinta Años firmaron la Paz de Westfalia, que significó el final de la hegemonía de los Habsburgo en Europa y también el reconocimiento de la independencia de las Provincias Unidas. No obstante, la guerra entre Francia y España se prolongó otra década.

Inicialmente, las fuerzas españolas, aprovechando los problemas internos de su enemigo, obtuvieron algunas victorias significativas. En 1652 el ejército de Juan José de Austria acabó con la insurrección catalana y en 1656 venció a los franceses de Turena en Valenciennes, donde los Tercios dejaron su última actuación de importancia.

Batalla de Valenciennes.
Óleo de Ferrer-Dalmau.

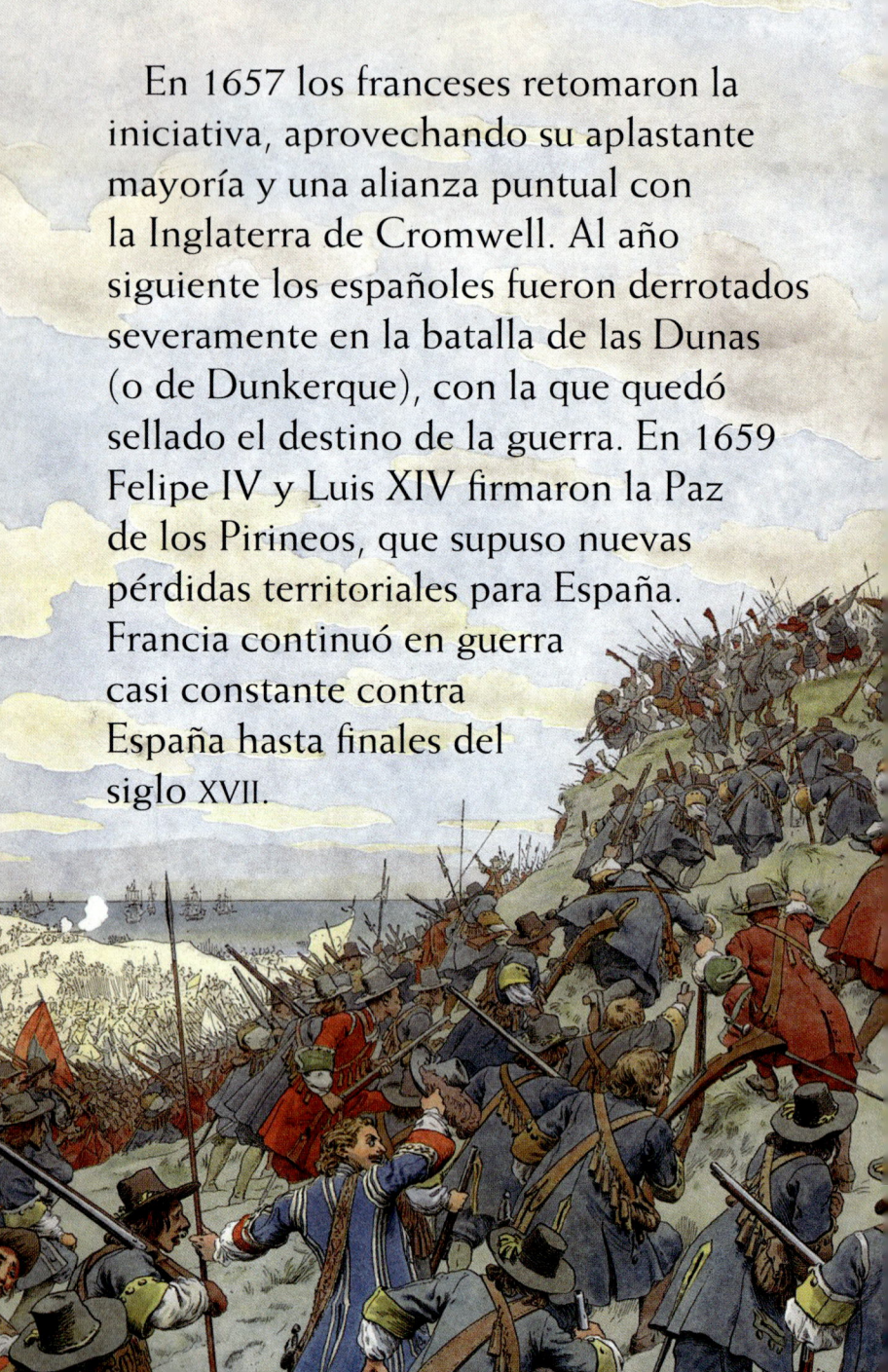

En 1657 los franceses retomaron la iniciativa, aprovechando su aplastante mayoría y una alianza puntual con la Inglaterra de Cromwell. Al año siguiente los españoles fueron derrotados severamente en la batalla de las Dunas (o de Dunkerque), con la que quedó sellado el destino de la guerra. En 1659 Felipe IV y Luis XIV firmaron la Paz de los Pirineos, que supuso nuevas pérdidas territoriales para España. Francia continuó en guerra casi constante contra España hasta finales del siglo XVII.

En las cuatro guerras que estallaron en ese tiempo, ya durante el reinado de Carlos II en España, el rey francés Luis XIV intentó obtener la mayor cantidad posible de territorios hispánicos.

Así ocurrió en la guerra de Devolución (1667-1668), en la que se anexionó plazas flamencas. O en la guerra de

Los dominios europeos de Carlos II

Países Bajos

Imperio Alemán

Inglaterra   Flandes

Luxemburgo

Franco Condado   Austria

Francia

Milán

Posesiones de Carlos II
Límites del Sacro Imperio Romano Germánico
Pérdidas territoriales

Navarra

Nápoles

Aragón

Portugal   Castilla   Cerdeña

Océano Atlántico

Sicilia

Ceuta   Orán

Melilla

Mar Mediterráneo

Estados berberiscos

Islas Canarias

Holanda (1672-1678), con la ocupación del Franco Condado. En esta contienda los Tercios dejaron una digna actuación en Seneffe (1674).

Por otro lado, en 1668 España también reconocía la independencia de Portugal.

Luis XIV cruzando el Rin en 1672.

Algunas de las últimas acciones de estas unidades acontecieron en la guerra de los Nueve Años (batalla del Ter, 1694).

Los Tercios españoles desaparecieron en 1704, tras la instauración en España de la Casa de Borbón con el rey Felipe V.

La vida cotidiana de los Tercios

La vida cotidiana del soldado de los Tercios fue, por lo general, dura. Oscilaba entre los desplazamientos, los complicados alojamientos en las casas de la población o en los campamentos, además de los obvios peligros de las frecuentes campañas militares. Formar parte del tercio podía significar estar destinado en territorios hostiles y lejanos dentro del inmenso Imperio español.

De todo ello han dejado abundantes testimonios célebres escritores, como Miguel de Cervantes.

Los soldados de los Tercios solían desenvolverse con gran disciplina. Es cierto que hubo momentos en que esta disminuyó, pero las autoridades militares dispusieron importantes ordenanzas para tratar de corregirlo. La disciplina y el valor resultaban fundamentales, tal y como se desprende de la eficiencia de las formaciones cerradas en el campo de batalla.

Miguel de Cervantes.
Estatua en Valladolid.

Uno de los problemas que atenazaban al infante de los Tercios era el retraso de las pagas, algo frecuente en un imperio sometido a constantes guerras y problemas financieros. La tardanza de los pagos degeneró en revueltas y amotinamientos.

Acompañaba a los Tercios en su desplazamiento un amplio grupo de personas, tales como mozos o mochileros, que los ayudaban a llevar el equipo; comerciantes para abastecer a la tropa, e incluso prostitutas.

Los soldados de estas unidades no dispusieron de un uniforme común. Empleaban vestimentas aptas para la vida militar, como la camisa, las calzas

o el jubón. Inicialmente cada soldado adquiría su ropa, si bien más adelante se la podían proporcionar los mandos. Solo desde la época de Carlos II, y más concretamente con Juan José de Austria, comenzó a establecerse la uniformidad.

Piquero de los Tercios.
Óleo de Ferrer-Dalmau.

LEER CON SUSAETA

Nivel 0. Aprendo a *LEER*

Nivel 1. Empiezo a *LEER*

Nivel 2. Ya sé *LEER*

Nivel 3. La aventura de *LEER*